9 décembre 1895

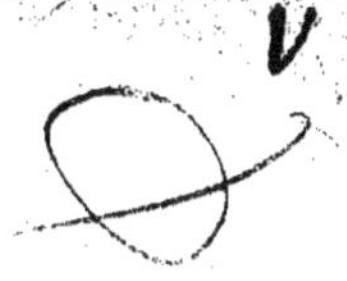

VENTE

du Lundi 9 Décembre 1895

HOTEL DROUOT, SALLE N° 11

A 2 HEURES 1/2

ŒUVRES

D E

Joseph CHÉRET

SCULPTURES

<table>
<tr><td>Mᵉ G. DUCHESNE
COMMISSAIRE-PRISEUR
6, rue de Hanovre, 6</td><td>M. A. BLOCHE
EXPERT
28, Rue de Châteaudun, 28</td></tr>
</table>

EXPOSITION PUBLIQUE

LE DIMANCHE 8 DÉCEMBRE 1895, DE 1 H. 1/2 A 5 H. 1/2

IMPRIMERIE ARTISTIQUE

E. MÉNARD & Cie

Bureaux et Ateliers: PARIS — 8, RUE MILTON

CATALOGUE

DES

ŒUVRES

DE

Joseph CHÉRET

Sculpteur-Décorateur

GROUPES, STATUETTES, VASES

Frises, Plateaux

EN

TERRE CUITE

DONT LA VENTE AURA LIEU

HOTEL DROUOT, SALLE N° 11

Le Lundi 9 Décembre 1895

A DEUX HEURES 1 2

~~~~~~

Mᶜ G. DUCHESNE	**M. A. BLOCHE**
Commissaire-Priseur	*Expert*
6, Rue de Hanovre, 6	28, Rue de Châteaudun, 28

~~~~~~

EXPOSITION PUBLIQUE

Le Dimanche 8 Décembre 1895, de 1 h. 1/2 à 5 h. 1/2

LE CATALOGUE SE TROUVE :

Chez : **M' G. DUCHESNE,** commissaire-priseur, 6, rue
de Hanovre.

M. A. BLOCHE, expert, 28, rue de Châteaudun.

Aux Ateliers de feu Joseph CHÉRET, 67, rue
Rochechouart, à Paris.

CONDITIONS DE LA VENTE

La vente sera faite *expressément* au comptant.

Les acquéreurs payeront en sus des adjudications
cinq pour cent.

L'exposition mettant le public à même de se rendre
compte de l'état des objets, il ne sera admis aucune
réclamation une fois l'adjudication prononcée.

Paris. — Imp. artistique E. Ménard & C, 9, rue Milton

DÉSIGNATION DES TERRES CUITES

GROUPES

1 — *Porteuses et Porteurs fin de siècle.*

Milieu de table, composé d'une femme et de six enfants portant des paniers pour fleurs et fruits.

Haut., 0ᵐ35. Larg., 0ᵐ75.

2 — *Porteurs fin de siècle.*

Groupe. Jardinière de table, composée de quatre enfants avec paniers pour fleurs et fruits.

Haut., 0ᵐ25. Larg., 0ᵐ60.

3 — *Porteurs fin de siècle.*

Contre partie du modèle ci-dessus.

4 — *Départ pour Cythère.*

Femme assise sur la proue d'une gondole entourée d'enfants.

Haut., 0ᵐ55. Larg., 0ᵐ55.

5 — *Jeunes Amours.*

Enfants portant des corbeilles pour fleurs ou fruits.

Haut., 0ᵐ48. Larg., 0ᵐ45.

6 — *L'Envolée.*

Enfants pris dans un coup de vent.

Haut., 0ᵐ45. Larg., 0ᵐ40.

7 — *Les Guerriers.*

Enfants supportant un casque.

Haut., 0ᵐ70. Larg., 0ᵐ40.

8 — *Le Maquillage.*

Haut., 0ᵐ40. Larg., 0ᵐ22.

9 — *En route pour l'inconnu.*
Femme guidée par l'amour.

Haut., 0ᵐ50. Larg., 0ᵐ22.

10 — *La Femme décorateur.*

Femme peignant un vase supporté par un enfant.

Haut., o"3o., Larg., o"28.

11 — *Les Décadents.*

Pot à tabac.

Haut., o"20. Larg., o"25.

12 — *Heureuse mère.*

Femme filant ayant son bébé à ses pieds.

Haut., o"75. Larg., o"37.

STATUETTES

13 — *Le Repos.*

Petite fille assise tenant deux corbeilles pour des fleurs.

Haut., 0ᵐ50. Larg., 0ᵐ40.

14 — *Le Messager.*

Enfant enlevé sur un cornet ailé, apporte des fleurs.

Haut., 0ᵐ60. Larg., 0ᵐ50.

15 — *Surprise par un papillon.*

Enfant assise sur une corbeille.

Haut., 0ᵐ38. Larg., 0ᵐ25.

16 — *En vendange.*

Petit Bacchus tenant deux amphores.

Haut., 0ᵐ38. Larg. 0ᵐ20.

17 — *La Câline.*

Amour tenant un bouquet.

Haut., 0m50. Larg., 0m15.

18 — *A la Criée.*

Petite fille tenant deux paniers.

Haut., 0m40, Larg., 0m20.

19 — *Qui a les traits?*

Enfant tenant deux carquois vides.

Haut., 0m40, Larg., 0m12.

20 — *Le petit Poucet.*

Enfant brossant une grande botte.

Haut., 0m22. Larg., 0m15.

21 — *La Méditation.*

Enfant assis entre deux carquois.

Haut., 0m35. Larg., 0m18

22 — *Attributs de comédie.*

Haut,, 0m28. Larg., 0m10

23 — *La Tragédie.*

Enfant jouant avec des masques.

Haut., 0ᵐ70. Larg., 0ᵐ35.

24 — *A bas Minet !*

Enfant disputant son déjeuner à un chat.

Haut., 0ᵐ25. Larg., 0ᵐ15.

25 — *Confidence.*

Deux enfants perchés sur une tête assyrienne.

Haut., 0ᵐ20. Larg., 0ᵐ15

26 — *L'enfant dort.*

Petite fille sommeillant pendant que le chat joue avec ses cheveux.

Haut., 0ᵐ58. Larg., 0ᵐ35

27 — *La Vague.*

Presse-papier : femme vue de dos.

Haut., 0ᵐ08. Larg., 0ᵐ25.

28 — *La Vague.*

Presse-papier : femme vue de face.

Haut., 0ᵐ08. Larg., 0ᵐ25

29 — *Le petit Athénien.*

Enfant supportant un vase avec frise.

Haut., 0ᵐ20. Larg., 0ᵐ12

VASES

30 — *La pêche est ouverte.*

Décor en bas-relief : femmes pêchant à la ligne.

Haut., o^m75. Larg., o^m42

31 — *Invasion de papillons.*

Décor bas-relief : lutte de femmes et de papillons.

Haut., o^m35. Larg., o^m42

32 — *Grâces et Grimaces.*

Femmes et enfants jouant avec des masques.

Haut., o^m60. Larg., o^m3o.

33 — *Les Indépendants.*

Groupe d'enfants peignant des églantines.

Haut., o^m35. Larg., o^m37

34 — *Sarabande folle.*

Femmes et enfants avec masques et guirlandes.

Haut., 0^m^32. Larg., 0^m^28.

35 — *Surprises et terreurs.*

Enfants et grenouilles.

Haut., 0^m^35. Larg., 0^m^16.

36 — *Surprises et terreurs.*

Contre partie du vase ci-dessus.

37 — *Au clair de lune.*

Les surprises de l'amour.

Haut., 0^m^40., Larg., 0^m^18.

38 — *Même sujet que le précédent.*

39 — *La Course aux Cerceaux.*

Enfants jouant autour d'un vase.

Haut., 0^m^33. Larg. 0^m^27.

40 — *La Farandole.*

Ronde d'enfants avec attributs de musique et de comédie.

Haut., 0m80. Larg., 0m3o

41 — *La Charmeuse.*

Trépied formant jardinière avec fillette et colombes.

Haut., 0m75. Larg., 0m35.

BONBONNIÈRES

42 — *Le Baiser.*

Enfant assis sur une boîte envoyant des baisers.

Haut., 0^m25. Larg., 0^m18.

43 — *Coucou.*

Bébé cassant son œuf avec sa petite tête.

Haut., 0^m22. Larg., 0^m10.

44 — *L'Espiègle.*

Bébé sorti de son œuf se sauve avec sa coquille.

Haut., 0^m22. Larg., 0^m12.

45 — *Qui-Vive !*

Enfant assis sur un œuf en voit sortir un bébé.

Haut., 0^m22. Larg., 0^m15.

FRISES

46 — *Toutes à la pêche.*

Nombreuses jeunes femmes jettent leurs lignes.

Long., 1^m25. Larg., 0^m40.

47 — *Histoire d'Amour.*

Trois panneaux représentant une idylle au clair de la lune.

Haut.. 0^m34. Larg., 0^m18.

———

PLATEAUX

48 — *Les Primitifs.*

Feuille de marronnier avec enfants et marrons sculptés.

Long., 0^m30. Larg., 0^m27.

49 — *L'Aubade à la lune.*

Musicien et Mendiant.

Long., 0^m25. Larg., 0^m20.

50 — *La Rieuse.*

Papillon lutinant une femme.

Long., 0^m39. Larg., 0^m24.

51 — *Vive la Bourgogne!*

Enfant et colimaçon.

Long.. 0^m22. Larg., 0^m20

52 — *La Coloriste.*

Fillette peignant un géranium.

Long., 0m21. Larg. 0m20.

53 — *Baigneuse et Libellules.*

Long., 0m35. Larg., 0m22.

54 — Œuvres omises.